SOCIÉTÉS FRANÇAISES

AYANT

UNE SUCCURSALE EN ANGLETERRE

D'APRÈS

LA LOI ANGLAISE DE 1907

SUR LES SOCIÉTÉS

PAR

Pierre PELLERIN

Licencié en Droit

AVOCAT DU BARREAU DE LONDRES

PARIS
Librairie générale de Jurisprudence
MARCHAL & BILLARD
Imprimeurs-éditeurs
Libraires de la Cour de cassation
27, place Dauphine.

LONDRES
STEVENS & SONS, LIMITED
119 & 120, Chancery Lane.

1908

DES SOCIÉTÉS FRANÇAISES

AYANT

UNE SUCCURSALE EN ANGLETERRE

D'APRÈS

LA LOI ANGLAISE DE 1907

SUR LES SOCIÉTÉS

PAR

Pierre PELLERIN

Licencié en Droit

AVOCAT DU BARREAU DE LONDRES

PARIS
Librairie générale de Jurisprudence
MARCHAL & BILLARD
Imprimeurs-éditeurs
Libraires de la Cour de cassation
27, place Dauphine.

LONDRES
STEVENS & SONS, LIMITED
119 & 120, Chancery Lane.

1908

PRÉFACE.

Les relations commerciales entre la France et l'Angleterre se développant chaque jour davantage, de nombreuses Sociétés françaises ont établi des succursales en Angleterre.

Jusqu'à ce jour, la situation légale des dites sucsursales en Angleterre n'était régie par aucune loi spéciale.

Une nouvelle loi anglaise intitulée « Companies Act 1907 », qui entrera en vigueur le 1er juillet 1908, contient, dans son article 35, des dispositions particulières aux Sociétés étrangères ayant des succursales en Angleterre.

Il nous a paru intéressant de faire un exposé de ces dispositions, afin que les Sociétés françaises qui sont visées par cette loi puissent se mettre en règle avec les nouvelles prescriptions contenues dans l'article 35.

Les Sociétés tombant sous le coup de l'application de la loi, qui ne se conformeraient pas à ses dispositions, sont passibles d'importantes pénalités.

P. PELLERIN.

Paris, 56, Rue la Boëtie.
Février 1908.

DES SOCIÉTÉS FRANÇAISES

AYANT UNE SUCCURSALE EN ANGLETERRE
D'APRÈS LA LOI ANGLAISE DE 1907
SUR LES SOCIÉTÉS.

Avant la nouvelle loi sur les Sociétés qui a été votée en Angleterre le 29 Août 1907, intitulée : « Companies Act 1907 », loi n° 50 de la septième année du règne d'Edouard VII, la situation légale des Sociétés françaises en Angleterre était régie par le droit commun anglais et par la convention franco-anglaise du 30 Août 1862 (1). Il n'y avait

(1) *Convention franco-anglaise du 30 Août 1862.* — Art. 1er. — Les hautes parties contractantes déclarent reconnaître mutuellement à toutes les Compagnies et autres associations commerciales, industrielles ou financières, constituées ou autorisées suivant les lois particulières à l'un de ces deux pays, la faculté d'exercer tous leurs droits, et d'ester en justice devant les tribunaux, soit pour intenter une action, soit pour y défendre, dans toute l'étendue des Etats et possessions, sans autre condition que de se conformer aux lois des dits Etats et puissances.

Art. 2. — Il est entendu que la disposition qui précède

aucune loi anglaise spéciale visant plus particulièrement les Sociétés françaises ou étrangères ayant
une succursale dans le Royaume-Uni.

Ainsi, avant la nouvelle loi de 1907, une Société
française ayant une agence en Angleterre n'avait
à se conformer, dans le dit pays, qu'aux lois anglaises concernant l'ordre public ; mais si elle était
régulièrement constituée d'après la loi française,
elle pouvait exercer tous ses droits en Angleterre.

Une Société française pouvait établir une succursale dans le Royaume-Uni sans être astreinte
à remplir les formalités particulières aux Sociétés,
constituées suivant les lois anglaises. Ainsi, elle

---

s'applique aussi bien aux Compagnies et associations constituées et autorisées antérieurement à la signature de la présente convention, qu'à celles qui le seraient ultérieurement.

Art. 3. — La présente convention est faite sans limitation
de durée. Toutefois il sera loisible à l'une des deux hautes
puissances contractantes de la faire cesser, en la dénonçant
un an d'avance. Les deux hautes puissances contractantes se
réservent, d'ailleurs, la faculté d'introduire, d'un commun
accord, dans cette convention, les modifications dont l'utilité
serait démontrée par l'expérience.

n'avait pas par exemple à effectuer le dépôt de ses statuts entre les mains du « Registrar ».

La loi de 1907, dans son ensemble, a apporté différentes additions et modifications aux lois précédentes (1862 à 1900) sur les Sociétés anglaises limited, nous ne l'analyserons pas, mais l'art. 35 qui vise les Sociétés françaises ou étrangères ayant une succursale en Angleterre, est particulièrement intéressant.

En obligeant ces Sociétés à se conformer aux prescriptions contenues dans l'art. 35, le but du législateur anglais a été le suivant : permettre à ses nationaux de se renseigner sur place, sans avoir à faire des recherches à l'étranger, sur la valeur, la situation financière, la régularité de constitution des Sociétés étrangères ayant une agence dans le Royaume-Uni.

L'art. 35 est ainsi conçu :

Art. 35. — **Dispositions relatives aux Sociétés étrangères.**

« 1° — Toute Société constituée en dehors du

« Royaume-Uni qui, lors de la date d'application
« de cette loi, aura une succursale dans le Royau-
« me-Uni, ainsi que toute Société qui, après la date
« d'application de cette loi établira une succursale
« dans le Royaume-Uni, devra, dans les trois mois
« de la date d'application de cette loi ou dans le
« mois de la création de la dite succursale, suivant
« le cas, déposer au greffe (registrar's office) :
« a/ une copie certifiée des statuts de la Société
« ou de tout autre document indiquant la constitu-
« tion de la Société, et, si le document n'est pas
« écrit en anglais, une traduction certifiée sera
« jointe. — b/ Une liste des administrateurs de la
« Société. — c/ Les noms et adresses d'une ou
« plusieurs personnes domiciliées dans le Royau-
« me-Uni autorisées à accepter, au nom de la So-
« ciété, la signification de tous actes judiciaires et
« de toutes pièces devant être notifiés à la Société.
« En cas de modifications dans les dits statuts,
« ou dans la liste des administrateurs, ou dans
« les noms et adresses des personnes indiquées,
« la Société devra déposer au greffe (registrar's

« office) un avis des dites modifications dans un
« délai qui sera déterminé.

« 2° — Tout acte judiciaire ou avis devant être
« signifié à la Société sera considéré comme vala-
« blement signifié à la Société s'il est adressé à la
« personne dont le nom a été ainsi déposé comme
« il est dit ci-dessus et laissé ou envoyé par la
« poste à l'adresse qui a été ainsi déposée.

« 3° — Toute Société visée par le présent article
« devra chaque année remettre au greffe un état
« de sa situation, comme elle devrait le faire si
« elle était une Société constituée en Angleterre
« et ayant son capital divisé par actions, d'après
« cette présente loi.

« 4° — Toute Société visée par le présent article
« et qui fait figurer le mot : « limited » dans son
« nom social devra :

« a/ Donner l'indication du pays où elle a été
« constituée dans tous prospectus invitant à sous-
« crire ses actions ou obligations dans le Royaume-
« Uni ;

« b/ Indiquer en évidence dans tout endroit où

« elle fera des affaires dans le Royaume-Uni, le
« nom de la Société et le pays où cette Société a
« été constituée ;

« c/ Mentionner le nom de la Société et le pays
« où elle a été constituée en caractères lisibles sur
« tous en-têtes de facture ou de papier à lettre et
« sur les avis, annonces et autres publications
« officielles de la Société.

« 5° — Si une Société visée par cet article ne se
« conforme pas aux prescriptions édictées dans le
« dit article, la Société ou tous agents ou repré-
« sentants officiels de la Société seront, en cas
« d'infraction, condamnés à une amende ne dé-
« passant pas 50 livres sterling, et en cas d'in-
« fraction persistante, à une amende de 5 livres
« par chaque jour d'inexécution des dites pres-
« criptions.

« 6° — L'expression « certifié » qui figure dans
« cet article signifie certifié de la manière requise
« comme étant une copie véritable et une traduc-
« tion correcte, et un bureau de transfert ou un
« bureau d'inscription d'actions sera considéré

« comme étant une succursale d'après la significa-
« tion de cet article.

« 7° — Il sera payé au greffe (registrar's office)
« pour dépôt de tout document requis par cet ar-
« ticle, un droit de 5 shillings ou tout autre droit
« inférieur, suivant le cas. »

1° — Nature des Sociétés françaises auxquelles la loi anglaise de 1907 est applicable.

D'après l'expression anglaise « Company » de la loi de 1907, ce sont parmi les Sociétés françaises, les Sociétés anonymes ou en commandites par actions, qui sont seules visées par l'art. 35 ; les Sociétés en nom collectif, les Sociétés en commandite simple qui correspondent aux expressions anglaises « Partnership » et « limited partnership », n'auront pas à se conformer aux prescriptions de la nouvelle loi, bien qu'ayant une agence dans le Royaume-Uni.

2° — A quelles conditions les Sociétés françaises par actions sont-elles visées par la loi anglaise de 1907 ?

Il est nécessaire qu'elles aient une succursale

en Angleterre ou qu'elles y exercent le commerce sous leur propre nom. L'art. 35 ne vise pas les Sociétés françaises qui placent leurs titres sur le marché anglais ou les Sociétés françaises qui ont simplement un représentant faisant le commerce sous son nom personnel.

Pour que la loi soit applicable, la succursale doit être établie dans le Royaume-Uni, c'est-à-dire en Angleterre, en Ecosse ou en Irlande. D'après le paragraphe 6 de l'art. 35, un simple bureau établi en Angleterre par une Société étrangère pour le transfert de ses actions, doit être considéré comme une succursale.

3° — Délai dans lequel les formalités doivent être remplies.

Les prescriptions édictées par l'art. 35 doivent être remplies dans le délai d'un mois à dater de la création de la succursale en Angleterre de toute Société étrangère. L'art. 35 de la loi de 1907 n'entrera en vigueur que le 1er Juillet 1908. A partir de cette date, toute Société étrangère qui établira une succursale en Angleterre, devra, dans le mois de la création de la dite succursale, se conformer aux prescriptions édictées par la loi de 1907. Toutefois, les Sociétés étrangères ayant au 1er Juillet 1908 un établissement en Angleterre auront un délai de trois mois à partir de cette date pour remplir les formalités exigées par la nouvelle loi.

4° — Documents qui doivent être déposés entre les mains du « registrar ».

Ce sont, d'une façon générale, toutes les pièces qui indiquent la constitution de la Société : statuts des Sociétés anonymes, des Sociétés en commandite par actions. Une traduction dument certifiée et en langue anglaise doit être jointe aux documents français. Pour l'Angleterre, le dépôt a lieu au bureau du « registrar », c'est-à-dire à « Somerset House », à Londres.

5° — Liste des administrateurs.

L'art. 35 exige la remise au greffe (registrar's office) de la liste des administrateurs de la Société, de façon que les tiers qui traitent avec la succur-

sale anglaise d'une Société étrangère soient facile-
ment renseignés sur la composition du Conseil
d'Administration.

L'expression « administrateur » employée dans
la loi indique encore clairement que seules les Sociétés par actions sont visées par la présente loi.

**6° — Election de domicile pour la signification de
tous actes aux Sociétés françaises ayant une
succursale en Angleterre.**

Des difficultés se présentent souvent lorsqu'il
s'agit d'assigner en Angleterre une Société française : on ne sait à qui délivrer le « writ ». Il est
nécessaire qu'il soit remis entre les mains du chef
de l'agence et non d'un commis, et le plus souvent
on est obligé, pour éviter toutes contestations pos-
sibles, de faire assigner une Société française à
son siège social en France.

C'est pour obvier à ces difficultés que la loi de
1907 a édicté que toute Société française ayant une
succursale en Angleterre devra indiquer le nom
et l'adresse d'une ou de plusieurs personnes rési-

dant dans le Royaume-Uni, au domicile desquelles toute signification d'actes judiciaires pourra être valablement faite pour le compte de la Société.

7° — **Bilan.**

Toute Société anglaise limited doit, chaque année, à une date déterminée, faire un état de ses affaires, sorte de bilan qu'elle dépose au bureau du « registrar ». Ce bilan doit indiquer entre autres, le montant du capital de la Société, le nombre des actions émises, le montant dont elles sont libérées, les noms et adresses des personnes qui ont cessé d'être actionnaires dans l'année avec le nombre des actions qu'elles détenaient.

Le paragraphe 3 de loi de 1907 indique que toute Société étrangère par actions qui aura une succursale en Angleterre devra déposer chaque année au greffe un état de ses affaires, comme doit le faire toute Société anglaise « limited ».

8° — **Dispositions particulières aux Sociétés étrangères « limited ».**

Pour échapper aux prescriptions assez sévères

de la loi anglaise sur les Sociétés, de nombreuses entreprises anglaises ont recours au procédé suivant : elles se constituent en Sociétés sous le bénéfice de la législation coloniale britannique ou sous le bénéfice des lois sur les Sociétés en vigueur à Guernesey, lois particulièrement faciles et peu rigoureuses. Ces Sociétés ajoutent à leur nom social le mot « limited » faisant croire qu'elles ont été constituées conformément à la législation anglaise ; elles trompent ainsi le public ou leurs créanciers qui leur accordent un crédit ou des garanties auxquels elles n'ont pas droit.

Le paragraphe 4 de l'art. 35 a pour but de remédier à cet abus.

Les dispositions indiquées dans les paragraphes 1, 2 et 3 de l'art. 35 de la loi de 1907 visent toutes les Sociétés étrangères par actions qui ont une succursale dans le Royaume-Uni. Celles des Sociétés qui, dans leur nom social, font figurer le mot « limited » devront, en outre des prescriptions contenues dans les paragraphes ci-dessus, se conformer à celles indiquées dans le paragraphe 4 de l'art. 35.

a/ Lorsqu'une Société étrangère « limited » procédera à une émission de ses actions ou obligations en Angleterre, les prospectus devront contenir l'indication du pays où la Société a été constituée, en un mot sa nationalité.

Cette disposition paraît égarée dans l'art. 35 qui vise les Sociétés étrangères ayant une succursale en Angleterre et non les Sociétés étrangères voulant procéder à une émission de leurs actions ou obligations en Angleterre.

b/ Toute Société étrangère ayant une succursale en Angleterre et ajoutant dans son nom social le mot « limited » devra indiquer, « en caractères lisibles et bien en vue » le nom de la Société et l'indication de sa nationalité dans tous les endroits où elle aura une succursale en Angleterre. Ces mêmes indications devront figurer sur le papier à lettre, les factures, les publications, catalogues, etc.

En supposant qu'une Société, constituée sous la législation en vigueur à Guernesey, ait une succursale en Angleterre et fasse figurer dans son nom social le mot « limited », les tiers se trouveront protégés par les prescriptions contenues dans le paragraphe 4 de l'art. 35 : ils sauront qu'ils ne se trouvent pas en présence d'une Société constituée conformément à la législation anglaise et ils pourront ainsi prendre les précautions de nature à sauvegarder leurs droits.

9° — Pénalités.

Toute Société française par actions ayant une agence dans le Royaume-Uni, qui ne satisfera pas aux prescriptions de l'art. 35 de la loi de 1907 sera passible d'une amende qui n'excédera pas 50 livres sterling (1250 fr.) et au cas où l'infraction constatée persisterait, la Société sera passible d'une amende de 5 livres sterling (125 fr.) par chaque jour de retard à se conformer aux prescriptions ci-dessus.

Pour terminer, qu'il nous soit permis de faire remarquer que l'art. 35 de la loi anglaise sur les Sociétés de 1907 présente une certaine analogie avec le projet de loi sur les Sociétés étrangères par actions qui est actuellement déposé sur le Bureau de la Chambre : certains articles tendent à la réglementation des Sociétés étrangères ayant une succursale en France.

En présence du développement croissant des relations d'affaires entre les différents pays du monde, les législateurs seront amenés, dans l'intérêt de leurs nationaux, à prendre à l'égard des succursales de Sociétés étrangères, des mesures analogues à celles prescrites par l'art. 35 de la loi anglaise de 1907 sur les Sociétés.

Imprimerie Goussard & Cⁱᵉ. — Melle (Deux-Sèvres).